# BEI GRIN MACHT SICH IHR WISSEN BEZAHLT

- Wir veröffentlichen Ihre Hausarbeit,
  Bachelor- und Masterarbeit

- Ihr eigenes eBook und Buch -
  weltweit in allen wichtigen Shops

- Verdienen Sie an jedem Verkauf

Jetzt bei www.GRIN.com hochladen
und kostenlos publizieren

Tim Schäfer

# Führungskompetenzen von modernen Managern

GRIN Verlag

**Bibliografische Information der Deutschen Nationalbibliothek:**

Die Deutsche Bibliothek verzeichnet diese Publikation in der Deutschen National-
bibliografie; detaillierte bibliografische Daten sind im Internet über http://dnb.d-
nb.de/ abrufbar.

**Impressum:**

Copyright © 2002 GRIN Verlag GmbH
Druck und Bindung: Books on Demand GmbH, Norderstedt Germany
ISBN: 978-3-656-56214-6

**GRIN - Your knowledge has value**

Der GRIN Verlag publiziert seit 1998 wissenschaftliche Arbeiten von Studenten, Hochschullehrern und anderen Akademikern als eBook und gedrucktes Buch. Die Verlagswebsite www.grin.com ist die ideale Plattform zur Veröffentlichung von Hausarbeiten, Abschlussarbeiten, wissenschaftlichen Aufsätzen, Dissertationen und Fachbüchern.

**Besuchen Sie uns im Internet:**

http://www.grin.com/

http://www.facebook.com/grincom

http://www.twitter.com/grin_com

# Personalführung
## „Führungskompetenzen von modernen Managern"
Präsentation von Tim Schäfer in der Lehrveranstaltung A2

# Gliederung

## I. Einleitung

## II. Managerkompetenzen

### II.1. Die Unternehmerische Kompetenz

### II.2. Die Strategische Kompetenz

### II.3. Die Führungskompetenz

### II.4. Die Sozialkompetenz

## III. Führungsansätze

### III.1. Der Strategische Führungsansatz

#### III.1.1. Der Strategische Führungsansatz bei Coca-Cola

### III.2. Der Mitarbeiterorientierte Führungsansatz

#### III.2.1. Der Mitarbeiterorientierte Ansatz bei Pepsi&Co

## IV. Fazit

Tim Schäfer im Dezember 2003

# Personalführung
# „Führungskompetenzen von modernen Managern"

Präsentation von Tim Schäfer in der Lehrveranstaltung A2

## I. Einleitung

Meine Arbeit beschäftigt sich mit Führungskompetenzen von modernen Managern. Man kann über Führungsansätze und deren betrieblicher Umsetzung unterschiedlicher Meinung sein, allerdings haben all diese Strategien ein verbindliches Ziel: Den Erfolg des Unternehmens und dessen Wertsteigerung.

Die Route zu mehr Erfolg und nachhaltiger Wertsteigerung hat einen wichtigen Ausgangspunkt in einem effizienten Führungsansatz. Spitzenmanager prägen das Bild eines Unternehmens und so stellt sich die Frage nach einem optimalen Weg der Interaktion von Kernkompetenzen hin zu einem effizienten Managertyp.

Natürlich gibt es aufgrund vielfältiger individueller Eigenschaften keinen Prototyp des erfolgreichen Managers. Es gibt aber dennoch Führungsansätze die schlüssige Antworten auf unternehmens- und branchenspezifische Besonderheiten geben.

Daher habe ich zwei „moderne Manager" auf der Suche nach einem optimalen Führungsansatz untersucht. Es handelt sich um den Strategischen Führungsansatz von Coca-Cola, vertreten durch den CEO[*1] Roberto Goizueta und den Mitarbeiterorientierten Führungsansatz von Pepsi&Co, den der CEO Wayne Calloway lebte[*2]. Interessant bei der Auswahl der Manager war für mich die Ausgangssituation der Unternehmen, denn beide Unternehmungen bewegen sich auf dem gleichen Terrain, sind daher (was Branche und Komplexität der Organisation anbetrifft) vergleichbar.

Meine Arbeit hat nicht den Anspruch wissenschaftliche Studien über Führungskompetenzen zu analysieren, als vielmehr ein exemplarisches Beispiel für die Umsetzung zweier unterschiedlicher Führungsansätze zu präsentieren und deren Kompetenzvoraussetzungen darzustellen.

---

[*1] COE = Chief Executive Officer
[*2] Die Untersuchungen basieren auf dem Stand von 1996

# II. Managerkompetenzen

„Eine Kompetenz ist ein Persönlichkeitsmerkmal oder ein Komplex von Verhaltensgewohnheiten, der zu effektiver oder überlegener beruflicher Leistung führt"[1]. Anders ausgedrückt lässt sich Kompetenz als "eine Fähigkeit, die Anstrengungen, die ein Individuum in seine Arbeit investiert und mit eindeutigen ökonomischen Wert versieht" (nach Goleman) formulieren.

Kompetenzen sind entscheidende Indikatoren, auf deren Grundlage das Potential an Führungsfähigkeiten ausgemacht wird. Die persönlichen Basics, sowie Sozialkompetenz die ein Manager in seiner Persönlichkeitsstruktur vereint, sind neben den fachlichen Fertigkeiten wichtige Elemente, die es bei der Bewertung einer Führungskraft zu berücksichtigen gilt.

Meine Arbeit beschäftigt sich, im Hinblick auf den Strategischen und Mitarbeiterorientierten Führungsansatz, mit den drei elementaren Kompetenzen, die den Kern für den jeweiligen Ansatz bilden.

Die Unternehmerische Kompetenz setzte ich bei beiden Ansätzen als Eigenschaft voraus. Die strategische Kompetenz sehe ich allerdings unerlässlich für den Strategieansatz, sowie Führungs- und Sozialkompetenz einen für den Mitarbeiterorientierten Führungsansatz entscheidenden Faktor darstellen.

## II.1. Die Unternehmerische Kompetenz

„Unternehmerische Kompetenz bedeutet die Bereitschaft und die Fähigkeit, in der Verantwortung für die Mitarbeiter wie für das Unternehmen insgesamt gewinnorientierte Entscheidungen zu treffen, neue Erfolg versprechende Aktionsfelder zu entdecken und zu erschließen, Risiken von Handlungsoptionen abzuwägen und aus eigener Initiative Prozesse und Entwicklungen am Markt anzustoßen und zu gestalten"[2].

Merkmale:

- Markt- und Wettbewerbsorientierung
- Ergebnisorientierung
- Zielorientiertes, konsequentes Handeln
- Risikobereitschaft
- Siegeswille

## II.2. Die Strategische Kompetenz

Ziel- und Zukunftsorientiertes Denken gehört zu den wichtigsten strategischen Kompetenzen. Heute Entscheidungen für Morgen zu treffen, d.h. zukünftige Entwicklungen abzuschätzen und Entscheidungen daran zu orientieren. Der strategische Unternehmer muss Daten, Trends und Potentiale analysieren und schlüssige Konzeptionen zur Umsetzung formulieren können.

Merkmale:

- visionäres Denken
- Gespür für Entwicklungen
- konzeptionelle Fähigkeiten
- analytische Fähigkeiten

---

1        Oppermann-Weber (2001):    Führungspraxis; S. 33
2        Oppermann-Weber (2001):    Führungspraxis; S. 36

## II.3. Die Führungskompetenz

„Führungskompetenz lässt sich definieren als die Bereitschaft und die Kompetenz, Verantwortung für andere Menschen zu übernehmen und Entscheidungen zu treffen, die Folgen für andere haben"[3].

Führungskompetenz findet des weiteren Ausprägung in persönlichen Eigenschaften des Managers wie Integrität, Glaubwürdigkeit und Vorbildlichkeit, ohne diese Werte der Prozess der Mitarbeitermotivation nicht effizient vermittelt werden kann.

Merkmale:

- Schaffen von Orientierung
- Motivations- und Überzeugungskraft
- Integrationsfähigkeit
- Gerechtigkeit
- Entwicklung und Förderung von Mitarbeitern
- Werte vermitteln

## III. Führungsansätze

## III.1. Der Strategische Führungsansatz

„ Ein guter Manager muss am Puls der Zeit sein, Trends erschnuppern, noch ehr sie Realität sind, Weitsicht besitzen, verbunden mit einem gesunden, dabei aber aktiven Pessimismus. Seine Aufgabe ist es herauszufinden, was der Kunde von heute braucht und welche Einflüsse sein Denken und seine Ansprüche von Morgen prägen. [...] Darum muss ein Topmanager ein Generalist[*3] sein, ohne Scheuklappen, der Zusammenhänge erkennt und daraus Richtlinien für die Zukunft entwickelt"[4].

Daniel Goeudevert, der sich selbst als Generalist bezeichnet, umschreibt in seiner Autobiographie die zitierten Fähigkeiten als Kern einer erfolgreichen Managertätigkeit. Die angesprochene Weitsicht, die Konzeption von Richtlinien anhand von erkannten Zusammenhängen, beschreiben im Wesentlichen die Züge eines Strategischen Ansatzes.

Der Manager der die Leitlinien dieses Ansatzes verfolgt strebt den Erfolg des Unternehmens als Chefstratege an, stellt sich die Zukunft systematisch vor und legt dabei eine exakte Route zur Zielerreichung fest. Die wichtigsten Kernkompetenzen des strategischen Managers sind die Unternehmerische, als auch die Strategische Kompetenz.

Strategische Topmanager konzentrieren das Gros ihrer Energie auf das Erkunden von Möglichkeiten, ihr Unternehmen zum Marktführer von Morgen zu machen, und strukturieren dann die Zentrale und den Rest des Unternehmens im Hinblick auf diese Ausrichtung um.

Das Alltagsgeschäft delegieren sie in der Regel an andere und verwenden viel Zeit auf umfassende Fragen, mit denen sie an Manager Zulieferer, Analytiker, Anteilseigner und besonders an Kunden herantreten. Sie besuchen andere Unternehmen und studieren neue Geschäftsprozesse. Strategische Unternehmer sind also davon überzeugt, dass sie am meisten leisten, wenn sie anhand einer langfristigen Strategieformulierung auf jeden einzelnen Aspekt des Unternehmenssystems einwirken[5].

---

[*3] Generalist: jemand, der in seinen Interesse nicht auf ein bestimmtes Gebiet festgelegt ist
3           Oppermann-Weber (2001):   Führungspraxis; S. 39
4           Goeudevert (1996): Wie ein Vogel im Aquarium; S. 169-170
5 Vgl.      Farkas, Charles, M. (1996):   Spitzenmanager und ihre Führungsstrategien; S. 17

Der strategische Managementansatz ist zukunftsorientiert, mit dem stetigen Anspruch der Konkurrenz voraus zu sein.

Das Aufspüren von Verbesserungspotential und dessen Umsetzung in engagierten Planungsprozessen hat oberste Priorität. Der Manager nutzt seine strategischen Kompetenzen. Er besitzt ein ausgeprägtes Gespür für Entwicklungen, kann seine Visionen dahingehend lenken und durch analytischen Verstand und konzeptionelle Fähigkeit die Route zur Realisierung gestalten. Das Alltagsgeschäft muss anhand dieser Komplexität auf ein Minimum reduziert werden, um den Blick für das Wesentliche frei zu haben. Details belasten unnötig!

Eine  entscheidende und in der Managementliteratur oft beschriebene Charaktereigenschaft ist das visionäre Denken. Topmanagern unterstellt man ein Feingefühl für Marktentwicklungen. Sie erahnen den nächsten Zug des Konkurrenten. Diese Eigenschaft der geistigen Vorstellungskraft wird im strategischen Bereich, aufbauend auf Geschäftsverstand, zu einem effektiven Managementansatz – der Vision als Managementansatz.

Dieser Ansatz baut natürlich auf Geschäftsverstand, auf einen „Siebten Sinn", der durch jahrelange Erfahrung und Ausbildung gereift ist. Aber der strategische Ansatz ist weniger ein Zustand als ein Prozess, in dessen Rahmen Manager eine langfristige Strategiefestlegung und deren Umsetzung zum zentralen Mittel für Wertsteigerungen machen[6]. In letzter Konsequenz bedeutet dies eine Systematisierung von komplexen geistigen Vorstellungen. Der Zielerreichung geht eine systematische, objektive und strukturierte Analyse des Ausgangspunktes voraus.

Manager bei denen das Wissen um Folgen eine Tugend ist, zeichnen sich durch eine hohe Risikobereitschaft aus.

## III.1.1. Der Strategische Führungsansatz bei Coca-Cola

Das weltweit agierende Unternehmen Coca-Cola sieht die Zukunftsorientierung als wichtigstes Instrument der Wertsteigerung. CEO´s Roberto Goizueta praktiziert einen Strategischen Managementansatz.

Die strategische Positionierung und Verkaufsförderung dieser Marke betrachtet die Unternehmung als eine der wichtigsten Aufgaben des Managements. Im Brennpunkt dieser kompromisslos formulierten und strikt angewandten Strategie agiert die Zentrale des Unternehmens. CEO Robert Goizueta konstatiert, das man besser als die Anderen sein muss um langfristig Erfolg zu haben. Dieses Gebot überträgt sich auf sein Unternehmen, in dem zwingende Systeme, Programme und Verfahren aus der Zentrale von Managern aller Ebenen fordern, sich auf die Zukunft zu konzentrieren[7].

Natürlich gibt es auch bei Coca-Cola einen Mitarbeiterorientierten Ansatz, aber dominierend steht für den Topmanager der Strategische Ansatz als nachhaltiges Instrument der Einflussnahme auf das Weltunternehmen fest.

Bei Coca-Cola liegt der Schwerpunkt auf einer ständigen Erneuerung der Marke, durch die sie für Softdrink-Konsumenten frisch und bedeutsam bleiben soll – und zwar nicht nur heute, sondern auch noch in ferner Zukunft, wenn man eine Coke im Weltall genießt[8]. Diese Vision hört sich im ersten Moment utopisch an, trifft aber den Kern des Managementansatzes. Warren Bennis beschreibt Visionen und ihre Tragweite in seinem Buch „Führungskräfte": „Diese Vorstellung (Vision) kann so vage wie ein Traum oder so präzise wie ein Ziel- oder eine Einsatzbeschreibung sein. Der entscheidende Punkt ist, dass eine Vision ein Bild einer realistischen, glaubhaften und attraktiven Zukunft für die Organisation entwirft, das Bild eines Zustandes, der in wichtigen Hinsichten besser ist als der gegenwärtige", und weiter „eine Vision ist ein Ziel das einen Sog ausübt"[9].

---

6  Vgl.          Farkas, Charles, M. (1996):   Spitzenmanager und ihre Führungsstrategien; S. 70
7  Vgl.          Farkas, Charles, M. (1996):   Spitzenmanager und ihre Führungsstrategien; S. 41
8  Vgl.          Farkas, Charles, M. (1996):   Spitzenmanager und ihre Führungsstrategien; S. 42
9               Bennis Warren (1987):        Führungskräfte, S. 88

Genau hier setzt der strategische Führungsansatz von Roberto Goizueta an. Es geht eben nicht darum, wie man aufgrund des grandiosen Unternehmenserfolgs annehmen könnte, den Status Quo zu sichern und alle Energien in die Bewahrung des Erfolges zu investieren. Goizueta treibt einen dynamischen Veränderungsprozess voran, der in die Zukunft gerichtet ist und von seinen Mitarbeitern erwartet sich auf diese vorzubereiten.

Goizuetas ausgeprägten strategischen Kompetenzen zeigten sich schon zu Beginn seiner Amtszeit, als er im Rahmen seiner so genannten „Spanischen Inquisition" das Unternehmen reorganisierte. Er führte Dreijahrespläne ein, die er sinnvoller als die Fünfjahrespläne seines Vorgängers betrachtete und gab seinen Managern zu verstehen, dass sie für die Erfüllung ihrer Pläne verantwortlich seien. „Er verlangte, dass sie die Pläne frühzeitig vor den Sitzungen einreichten, damit er sie analysieren und auf Schwächen untersuchen konnte"[10].

Goizueta überprüfte jede Prognose auf ihre Stichhaltigkeit. Ergebnis dieser strengen Prüfung waren einige wenige Pläne die er genehmigte und viele die er den Bereichsleitern zur Überarbeitung zurückschickte. Der Coke CEO wollte mit diesen Maßnahmen feststellen, was sein Führungsteam unter Druck zu leisten im Stande war. Für ihn stellte diese Planung einen Prozess dar, in dem sich Dinge herauskristallisieren, so z.B. welche Fähigkeiten in jemanden steckten, ob jemand technisch oder strategisch begabt war, oder ob jemand Befördert werden sollte[11].

„Die Leute müssen begreifen, dass sie mit diesen Zahlen leben oder sterben müssen". Dieses Zitat von Roberto Goizueta spiegelt den harten Kurs des CEO´s wieder, der die strategische Planung und Realisierung an die Spitze seiner Politik stellte und sein Personal am Grad der Zielerreichung beurteilte.

## III.2. Der Mitarbeiterorientierte Führungsansatz

„Jeder kompetente Manager kann es den Mitarbeitern der Organisation ermöglichen, ihren Lebensunterhalt zu verdienen. Ein erstklassiger Manager kann dafür sorgen, dass Arbeit produktiv und effizient, fristgerecht und mit hohem Qualitätsniveau getan wird. Der effektiven Führungsperson ist es jedoch vorbehalten, den Angehörigen der Organisation zu einem Gefühl des Stolzes und der Befriedigung in ihrer Arbeit zu verhelfen"[12].

Diese von Warren Bennis formulierte Weisheit beschreibt im letzten Satz die Fähigkeit, die ein Mitarbeiterorientierter Manager in sich vereinen sollte. Diese Manager führen den Erfolg allein auf ihre Mitarbeiter zurück und stehen somit im Kontrast zu Strategischen Managern.

Dieser Ansatz erschöpft sich allerdings nicht darin, dass der Vorstandsvorsitzende die Vornamen seiner Mitarbeiter kennt. Er muss auch Stärken und Schwächen seiner Mitarbeiter kennen und sie auf systematische Weise führen[13]. Die wichtigsten Kernkompetenzen des Personalorientierten Managers sind neben der Unternehmerischen Kompetenz, Führungs- und Sozialkompetenz.

Elementar für die Funktionalität dieses Ansatzes sind neben dem Aufbau eines wirksamen Ausbildungssystems und stimmigen Programm zur Leistungsbeurteilung, das Wissen um Beziehungen zwischen den Mitarbeiter, sowie die Vermittlung von erwünschten Werten und Verhaltensweisen durch den Manager.

Führungspersönlichkeiten beschreiben sich häufig nicht nur als Strategen oder Visionäre, sie sprechen auch von ihren menschlichen Qualitäten. Das mitarbeiterorientierte Unternehmen kann durchaus von solchen Eigenschaften profitieren, ist aber im Ansatz mehr als eine Frage der Persönlichkeit[14].

---

| 10 | Greising, David | (1999): Die Welt soll Coca-Cola trinken; S. 108 |
| 11 Vgl. | Greising, David | (1999): Die Welt soll Coca-Cola trinken; S. 109 |
| 12 | Bennis Warren (1987): | Führungskräfte; S. 91 |
| 13 Vgl. | Farkas, Charles, M. (1996): | Spitzenmanager und ihre Führungsstrategien; S. 18 |
| 14 Vgl. | Farkas, Charles, M. (1996): | Spitzenmanager und ihre Führungsstrategien; S. 108 |

Der personalorientierte Manager, der seine Managementanstrengungen schwerpunktmäßig auf seine Mitarbeiter abstellt, baut ein komplexes System von Steuerungsmechanismen auf, welches den Werten des Unternehmens entspricht. Die Vermittlung dieser Werte nimmt einen hohen Stellenwert ein.

## III.2.1. Der Mitarbeiterorientierte Ansatz bei Pepsi&Co

Für den Mitarbeiterorientierten Ansatz bei Pepsi&Co steht der damalige CEO Wayne Calloway. Während sich Roberto Goizueta für eine strategische Komponente entschieden hat, delegiert Calloway strategische Entscheidungen mit guten Gewissen an die Einzelunternehmungen: "Man muss kein Raketenforscher sein, um zu wissen, was in unserer Branche wichtig ist"(Calloway).

Calloway sieht in einem Personalorientierten Management die beste Möglichkeit eine weit verzweigte, dezentralisierte Organisation zu führen. Im Businessalltag sieht das wie folgt aus: „Calloway reist viel und bewältigt im Jahr 800 Leistungsbeurteilungen. Niemand im oberen oder mittleren Management wird ohne seine Genehmigung engagiert"[15]. Krisenbewältigung, Vorgabenformulieren und mit Nachdruck auf Wandel setzen sind nicht seine Hauptinteressen. Vielmehr hat die Mitarbeiter-zufriedenheit oberste Priorität. Dabei kommt es Wayne Calloway darauf an, dass die Mitarbeiter glücklich, stolz und in einen dynamischen Lernprozess eingebunden sind. In diesen Merkmalen sieht Calloway einen enormen Wettbewerbsvorteil. Mitarbeiterzufriedenheit realisiert er durch einen Kreislauf positiver Verhaltensweisen, der zu Verbesserungen und finanziellen Erfolg führt.

Calloways „Walk-the-Talk-Politik" setzt Mitarbeitergespräche voraus. Es werden viele Gespräche geführt, denn Calloway macht es sich zur Aufgabe, die Menschen zu kennen, denen er Managementaufgaben anvertraut.

Dieser Ansatz verlangt verstärktes Engagement des Managers in personalspezifischen Prozessen. An den wesentlichen ist Calloway direkt beteiligt, so bei der Einstellung der 600 ranghöchsten (gehaltstechnisch) Neulinge im Jahr. Kein Manager wird in sein Amt delegiert, ohne mit Calloway gesprochen zu haben. So werden Ansichten direkt aus der Zentrale in die Regionen transportiert und man kann sicher sein, dass die gleichen Werte und Ziele verfolgt werden.

Durch diese gelebte Nähe soll ein Umfeld des Vertrauens entstehen. Angesprochen auf die Funktionalität verweist er auf Kompetenz, eine Kernkompetenz die von ganz entscheidender Bedeutung ist – Glaubwürdigkeit. Er muss seinem Unternehmen beweisen, wie sehr ihm an Integrität liegt und diese Werte den Mitarbeitern auch vermitteln.

Aus diesem Grund führt er Beurteilungsgespräche mit den 600 ranghöchsten Mitarbeitern von Pepsi&Co. Darüber hinaus trifft er sich ein- oder zweimal jährlich mit jedem Bereichsleiter, um mit ihnen über die Karriere seiner dreihundert wichtigsten Mitarbeiter zu sprechen. Dabei informiert er sich über Leistungen und das Potential einzelner und vergisst nie zu fragen: „Was wollen Sie gerne tun? Was würde sie glücklich machen?" Natürlich können nicht alle Bedürfnisse und Wünsche erfüllt werden, in Calloways Augen steht seine Anteilnahme für das Vertrauen und die Offenheit des Unternehmens, für dessen Anliegen, die Mitarbeiter in ihrer Entwicklung zu unterstützen[16].

## IV. Fazit

Ich habe in meiner Arbeit zwei Ansätze vorgestellt, die in der Praxis von Managern ihrer Ausprägung nach verschiedenartige Kompetenzen voraussetzen. Die Wahl eines Ansatzes muss mit der Persönlichkeitsstruktur der Manager vereinbar sein. Erfolg wurde durch beide Ansätze, wie man unbestritten an den Ergebnissen der Unternehmen nachvollziehen kann, erzielt.

---

15          Farkas, Charles, M. (1996):   Spitzenmanager und ihre Führungsstrategien;  S. 95
16 Vgl.    Farkas, Charles, M. (1996):   Spitzenmanager und ihre Führungsstrategien;  S. 98

Calloway führt Pepsi mit stark ausgeprägten Sozial- und Führungskompetenzen. Seine Persönlichkeitsmerkmale müssen in dieser Hinsicht, bei Mitarbeitergesprächen und der Umsetzung seines Integritätsmodells vorbildlich sein.

Während die dominierende Rolle bei Goizueta´s Ansatz der langfristigen Strategieformulierung einen anderen, strategischen Charakter hat. Er investiert seine strategisch-unternehmerischen Fähigkeiten in seine Arbeit und versieht diese mit einem ökonomischen Wert.

Führungspersönlichkeit zu sein ist letztendlich keine Position, es ist eine Verantwortung. Die beiden vorgestellten Ansätze sind Alternativen zueinander. Der Manager muss die Fähigkeit besitzen einen adäquaten Weg für sich und das Unternehmen zu finden, der mit seiner Kompetenzstruktur vereinbar ist.

Wichtig ist das eine Führungspersönlichkeit über Kompetenzen verfügt, die verantwortlich und nachhaltig zum Vorteil des Unternehmens und zum Wohl seines wichtigsten Kapitals, den Mitarbeitern, aktiviert werden können.

*Tim Schäfer im Dezember 2002*

## V. Literaturnachweis

- Autor (Erscheinungsjahr): Titel;
    Erscheinungsort


- Bennis, Warren (1987): Führungskräfte;
    Frankfurt am Main

- Farkas, Charles M. (1996): Spitzenmanager und ihre Führungsstrategien;
    Frankfurt am Main

- Goeudevert, Daniel (1996): Wie ein Vogel im Aquarium;
    Berlin

- Oppermann-Weber (2001): Führungspraxis;
    Berlin

- Greising, David (1999): Die Welt soll Coca-Cola trinken
    Landsberg/Lech